Armin Hartenstein

Armin Hartenstein

EIN GROSSES RAUCHFARBENES GLAS FLACH AUF EINE SOMMERWIESE GELEGT

Verlag Stadt Villingen-Schwenningen

Durch das Bild auf der Wand in das Bild hinter der Glaswand

I.

Kein Rauch, kein Feuer, keine Spur von feuerspeiender Aktivität, die Vulkane zumindest gelegentlich, manchmal regelmäßig zum Leben erwachen lässt und die für ihre charakteristische Form verantwortlich ist. Wenn sich die Malerei dieses Sujets angenommen hat, ist fast immer die heisse Phase dieser geologischen Formationen dargestellt worden. Gute Beispiele gibt es von den italienbegeisterten Malern wie Jakob Philipp Hackert, Johan Christian Claussen Dahl oder Joseph Wright of Derby, die um 1800 Bilder vom Ausbruch des Vesuv im Jahre 1774 malten, oder auch von Carl Blechen, der den majestätischen Vulkan im Golf von Neapel mit Rauchfahne wiedergab. Hier steht das Naturschauspiel im Mittelpunkt, seine ambivalente Faszination durch sein Gefährdungspotential. Auch malerisch gibt es dabei immer die Gefahr des Absturzes, in den Kitsch durch die Theatralik der Szenerie, die unter wabernden Schleiern aus giftigen Dämpfen teilweise nur schemenhaft zu erkennen ist.

Armin Hartensteins Bilder zeigen nichts dergleichen. Seine Vulkankrater sind unbewegt, meist erheben sich glatte, idealtypisch geformte Kegel. Oder es sind eckig ausgeschnittene Stücke einer Oberfläche, deren Dimensionen mangels Maßstab durch in ihrer Grösse erkennbare Objekte leicht vom Mikrokosmos unter dem Vergrösserungsglas zum Makrokosmos der Oberfläche von Planeten springen können. Die Bilder leben von kühler Konstruktion, nicht romantischer Anmutung oder überredender Expression. Es geht Hartenstein dabei nicht um die Logik der Natur, die mimetisch richtige Wiedergabe von Gesteinsformationen oder der Gestalt eines Berges, sondern um die aus den Mitteln der Malerei selbst heraus entwickelte Reflexion der Malerei. Hier ist die Form der Bilder wichtig, denn sie folgt exakt dem Motiv. Die aus Multiplexplatten ausgesägten Berge werden dadurch zu gemalten Objekten. Bei den Landschaftsoberflächen wird diese Wirkung noch verstärkt, weil sie wie ausgestochene Rasenstücke mit illusionistisch glatt abgesetzten Schnittkanten konzipiert sind.

Ein Gemälde ist zuerst einmal das, was es ist: eine bestimmte Anordnung von Formen und Farben auf der Leinwand. Eine Feststellung, die für Bilder aus allen Zeiten gilt, die jedoch erst brisant war, als ihr Definitionsmacht zugeschrieben wurde und sie das Dargestellte in seiner Bedeutung zu verdrängen begann. Wie hätte sich sonst Kunst im frühen 20. Jahrhundert

SKIZZE
2002, 21 x 15 cm

BAHNDURCHSTICH NACH CÉZANNE
2000, 11 x 17 cm

BRAUNKOHLETAGEBAU
GARZWEILER I

ohne abgebildeten Gegenstand durchsetzen können, wenn das benutzte Material (Farbe und Bildträger), der Arbeitsprozess und der Kontext von Entstehung und Präsentation nicht zumindest gleichberechtigt zum nach wie vor existenten Motiv getreten wären.

Bei Hartensteins Malerei gibt es keine chronologisch zwingende Entwicklung, wenn gleich der konkrete Entstehungsprozess in Schüben verlaufen ist und kleine, formal ähnliche Bildergruppen zeitnah erarbeitet wurden. Die glatte, glänzende Oberfläche, die vertrieben gemalte Farbe steht neben der porösen, deren nervös und expressiv gesetzte Pinselstriche eine gouachenhafte Lebendigkeit in der Nahsicht erzeugen. Doch die Monumentalität der Form bleibt, die Bilder gehören eng zu einander wie zu einer Versuchsreihe, die die malerischen Möglichkeiten durchspielt, ohne sie deklinatorisch komplett auszuführen. Ein eher assoziativer Zusammenhang verbindet die Gruppe, die aus Bergen, Kratern und räumliche Tiefe vermittelnden Landschaftsoberflächen besteht. Die ersten Bilder sind geradezu konkret in ihrer Schilderung, und einen Gründungsmythos gibt es doch: Aus dem Gedächtnis skizzierte Armin Hartenstein zuerst und formte dann aus Ton ein Modell des Gemäldes 'Bahndurchstich' mit der Montagne Sainte-Victoire von Paul Cézanne aus dem Jahre 1870, das heute in der Neuen Pinakothek in München hängt. Der Fundus seiner Quellen ist reich, er umfasst Fotos aus dem niederrheinischen Braunkohlentagebau und Satellitennahaufnahmen der Oberfläche von Sternen genau so wie Zeichnungen von Robert Smithson oder den Verfallsstudien von Gebirgsformationen en miniature aus Sand oder Marzipan, die vor seinem Atelierfenster erodieren.

II.
'Ich werde Erosion gewesen sein', das erste und bisher einzige Video von Armin Hartenstein ist nur 15 Sekunden lang. Es zeigt das unbewegte Gesicht des Schauspielers Klaus Kinski (aber mit im Wind flatternden Haaren) im langsamen Zoom, ausgehend von den Augen, dann der enge Ausschnitt zwischen Nase und Stirn, langsam größer werdend auch die breiten Lippen, bis zum Ende fast der ganze Kopf zu sehen ist. Das kurze Stück 'found footage' stammt aus Werner Herzogs Film 'Cobra Verde' aus dem Jahr 1987. Kinskis wetter- und lebensgegerbtes Gesicht ist natürlich ein Landschaftsbild, tief gefurcht, die bekannten markanten Details: Stirnfalten,

Nasenwurzelfalten, Lachfalten neben den Augen, Falten über den Augenbrauen, unter den Augen, ...

Der zusammen gestückelte Sound besteht nur aus der bei jedem Wort, teilweise im Wort bei den einzelnen Silben in der Lautstärke springenden Rezitation des einen merkwürdig aufgebauten Hauptsatz im Futur II 'Ich werde Erosion gewesen sein'. Auch die Sprache ist Kinski, silbenweise gesampelt von einer alten Schallplatte, auf der er Texte von Francois Villon spricht, einem 1431 in der Nähe von Paris geborenen Akademiker, dessen Balladen und lasterhafte Lieder den höfischen Minnesang revolutioniert haben. Die Wortstücke, die nicht auf dieser Platte vorhanden sind, hat Hartenstein dann mit ähnlich exaltierter Stimme selbst gesprochen – wie ein aus Zeitungsschnipseln gefügte Erpresserbrief, bei dem die fehlenden Buchstaben kaum unterscheidbar, aber handschriftlich hinzu gesetzt wurden.

Die Betrachtungsdauer ist fast unweigerlich einige Durchläufe lang, auch wenn das als loop gezeigte Video keine komplizierte Handlung hat, die erst beim dritten Schauen zu verstehen wäre. Es ist zu nervig, um meditativ zu sein, aber trotzdem gut geeignet, die Gedanken aus der genauen (weil so schnell in der Wiederholung zu überprüfenden) Beobachtung etwa in die Richtung fort zu spinnen, ob die sprichwörtliche Gesichtslandschaft dieses markanten Charakterkopfes eine zu platte oder eine besonders hintersinnige Analogie ist. Ebenso sind die Theatralik der Stimme, der Schauspieler oder der Film, der Dschungel als der Ort seiner Handlung und die Beziehung zu den treibhausartig-klaustrophobischen Pflanzeninstallationen von Armin Hartenstein einige Gedanken wert.

III.
Das Thema Natur bleibt immer ein bisschen im Bereich der sentimentalen Vorstellung verfangen, trotz der seit den 1970er Jahren entwickelten kritischen Auseinandersetzung mit der Rolle des Menschen in der Natur und dem Versuch, Naturvorgänge in ihrer komplexen Interdependenz mit künstlerischen Mitteln zu spiegeln und in erweiterte Zusammenhänge zu stellen. In Armin Hartensteins Installationen ist die Natur ein künstlerisches Arbeitsmaterial wie Ölfarbe, sie steht nicht für ein außerhalb angesiedeltes umweltpolitisches oder gesellschaftskritisches Interesse. Sie soll keine intellektuell oder emotional aufgeladene Wahrnehmung erzwingen, sondern vergleichbar

mit den in so verschiedener Weise durch gearbeiteten Bildern eine Vorstellung und Atmosphäre erzeugen, die malerische Qualitäten besitzt. Diese Eigenschaft ist nicht allein aus der Anschauung nachzuvollziehen, die Imagination des Dahinter, die Tiefe des Raumes und seines Volumens ist wichtig.

ELLERGLAS, 2000
Installation, Bahnhof Eller

Im Eller Bahnhof in Düsseldorf realisierte Hartenstein im Jahr 2000 eine Installation mit Grünpflanzen als 'vegetation composé'. Hier lehnte eine Glasscheibe schräg in einem massiven weißen Türrahmen, dahinter das dicht gestaffelte Grün. Dieser Raum war nicht begehbar, aber aus der Eingangssituation und der Gebäudetiefe war seine Grösse ungefähr zu schätzen. Wäre es da nicht unnötig, sogar verschwenderisch, wenn er vollständig mit Pflanzen vollgestellt ist? Oder das Wissen um die tatsächlich erfolgte komplette Verfüllung nicht konstitutiv für die Vorstellung: Ein Sinnbild für den sprichwörtlich undurchdringlichen Dschungel. Interessant ist dabei die Frage, wie das Kräfteverhältnis empfunden wird, ob es eine (eingefrorene) Bewegung im Gegeneinander der gedrückten Pflanzen-Glasscheibe gibt. Und wenn ja, in welche Richtung. Zwei Möglichkeiten gibt es, die erneut davon abhängen, ob von der Glasfläche oder dem Inneren des Raumes, dem Volumen der vielen Gewächse ausgegangen wird: Drängen die Pflanzen gegen das Glas, versuchen sie sich zu befreien wie aus dem Drahtkäfig, den eine frühe Zeichnung von Hartenstein zeigt, oder drückt sich das Glas mit übergrossem Gewicht auf die Blätter und erzeugt dabei das Bild. Der Titel des Katalogs gibt über die Sichtweise und Intention des Künstlers in dieser Frage Auskunft: 'Ein grosses rauchfarbenes Glas flach auf eine Sommerwiese gelegt' drückt eindeutig das Gras platt, und das Ergebnis ist ein Bild.

GROSSE PFLANZE IM MASCHENDRAHTKÄFIG
1999, 28 x 21,5 cm

Christian Philipp Müller hatte für die Biennale in Venedig 1993 im österreichischen Pavillon ein Naturbiotop eingerichtet, das nicht nach außen fokussierte, sondern auf die in ihr herrschende klimatische Atmosphäre und die enorme Diskrepanz zur Umgebung, dem Klima der Lagunenstadt Venedig. In dem hermetisch abgeschlossenen, nur durch eine Klimaschleuse zu betretenden Raum standen Kiefern, Fichten und andere Bäume, deren Heimat knapp 2000 Meter höher und mindestens 20 Grad kälter in den Alpen lag. Hier war von aussen durch die beschlagenen Fenster nur undeutlich etwas Grünes zu erkennen, und der Eintritt in den Raum versetzte dem Besucher einen sofortigen Klimaschock.

'somnifere', 2001
Installation, planet 22, Genf

Die Vorstellung des Raumvolumens und der Pflanzendichte ist bei der Installation 'somnifere' leichter zu entwickeln, die Hartenstein im Jahr 2001 in Genf ausstellte, und sie konnte dort auch direkt überprüft werden. Hier war das Raumvolumen ein quer über dem Eingang eines ehemaligen Bordell eingebauter gläserner Kasten, der mit Grünpflanzen gefüllt war. Wegen seiner geringen Tiefe (nur etwa 120 cm) wäre je nach Tageszeit von drinnen das Sonnenlicht oder von draussen das Raumlicht durch die grüne Barriere zu sehen gewesen, wenn die Pflanzen nicht dicht gequetscht gestanden hätten.

Die Tiefenstaffelung der Vegetation, ihr Raumvolumen ist nur zu ahnen, sichtbar ist die Oberfläche, dahinter bleibt es dunkel. Diese Fülle ist notwendig, damit die Blätter und Stengel der Pflanzen aus der Tiefe des dahinter liegenden Raumes kommen können, um an der Glasscheibe das gewollte zufällig-perfekte Überlappen von Blättern, Stielen und Grüntönen in allen Schattierungen zu erreichen. Echte und aus Plastik, Draht und Stoff hergestellte Gewächse sind gemischt. Hartenstein wollte keine spezifische Natur nachbilden, sondern ein allgemeines, pauschales Bild von Natur als grüne Masse. Dieser Mix aus hybrider Natur ist tatsächlich homogen, wenn die Kunstblumenhersteller ihr Naturmimikri mit entsprechender Sorgfalt produziert haben. Und die Vermischung aus heimischen und tropischen Pflanzen können nur noch Fachleute auflösen – aber ist eine Abgrenzung überhaupt möglich, wo viele 'heimische' Pflanzen aus Garten und Wohnzimmer ursprünglich aus der ganzen Welt stammen?

Hartensteins Installationen bilden ein geschlossenes System, wie im Experiment ändert sich langsam ihre Erscheinung. Das Grün im roten Honda, der im Düsseldorfer 'escale'-Ausstellungsraum 2001 für sechs Wochen stand, wurde zwar auch gegossen, die Wasserzufuhr ließ den partiellen Fäulnisprozess jedoch um so schneller beginnen. Deshalb wird der Zeitaspekt, die Frage nach der Vergänglichkeit im Laufe der Ausstellungsdauer immer wichtiger: Die Veränderung durch Verwelken und auch Verfaulen ist ein untrügliches Unterscheidungskriterium, zumindest zwischen natürlich-künstlich. Aber auch die künstlichen Pflanzen altern, weil sie, mehrmals benutzt, eigene Abnutzungsspuren aufweisen.

Georg Elben

Abbildungen

Seite 4
KANAL, 2000, Mischtechnik auf Multiplex
66 x 106 cm, Privatsammlung

Seite 9
ROTE LANDSCHAFT, DUNKEL, 2001
Mischtechnik auf Multiplex, 53 x 81 cm
Privatsammlung

Seite 11
INSEL, 2000, Mischtechnik auf Multiplex
70 x 84 cm

KLEINE WOLKE, 2001
Mischtechnik auf Multiplex , 85 x 86 cm

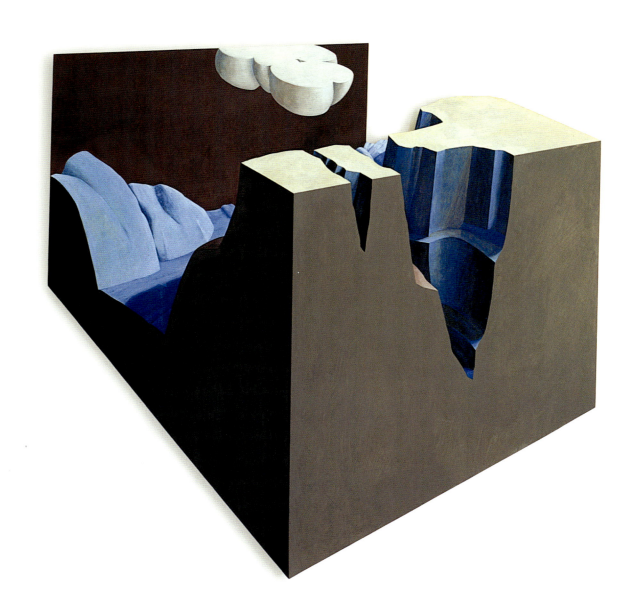

LAND, BLAU, 2002
Mischtechnik auf Multiplex, 101 x 121 cm

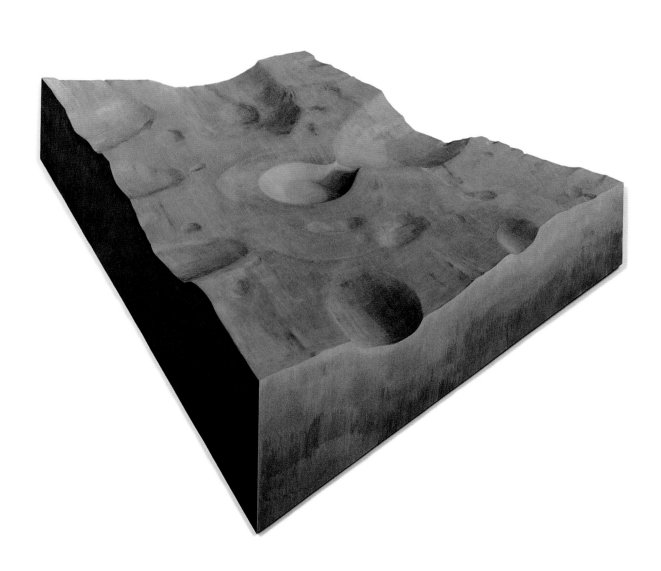

FELD, 2000
Mischtechnik auf Multiplex, 108 x 117 cm
Privatsammlung

HUEGELLAND SANFT   GESCHNITTENE BŒSCHUNG LEUCHTET

SALZWUESTE   EIN BEREICH POLIERT

LAND AUS SUESSEM   IN EINEN NADELWALD GETRAGEN
WIMMELNDE AMEISEN   TAUSENDFACH EROSION

KINSKI   ICH WERDE EROSION GEWESEN SEIN

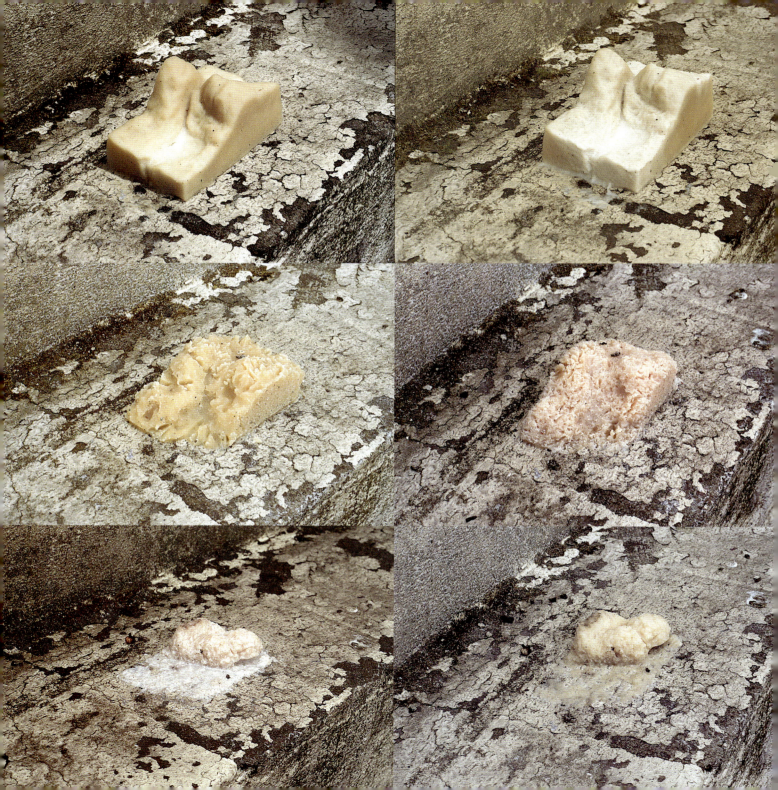

Von einem Spaziergang

Der Wald sei heute wie ein Zimmer und Du wie eine Laus im Pelz, eng verbunden mit dem Fell, durch das Du Dich hindurch wühlest. Ein Landschaftsbild, ein rührender Anblick. Ein Bild als Frottage unseres Befindens. Unsere landschaftliche Empfindlichkeit. Die Möglichkeit der Einigung über Berg und Tal; Fleisch und Blut. Wir sprachen über den Abstand zwischen den Dingen und den Körpern. Über den Raum, den die Kontur unserer Körper zwischen uns formt, vielleicht selbst ein Körper, immer in Bewegung, auf dessen Oberfläche unser Leben zum Bild wird. Diese Landschaft ist individuell: Ihr Raum entsteht kontinuierlich in der Entscheidung unseres Verhaltens zueinander und zu den Dingen.
..und schauen wir über das Land, so stülpt sich der Inhalt unseres Denkens und Fühlens als organische Masse darüber. Unser Denken wird fleischlich und verwandelt sich zum Landschaftskörper.

»Ich werde Erosion gewesen sein«

Vielleicht bilden die immer wieder in Armin Hartensteins Arbeiten auftauchenden 'Schnittflächen' einen Schnitt durch das Kontinuum von Mensch und Landschaft. Eine Unterbrechung, die eigentlich das extreme Verwobensein erst verdeutlicht. Werden die 'panisch pressenden Pflanzenmassen' von Glasplatten aufgehalten um nicht auf ihn einzustürzen? Das Zerschneiden von Land und das Einsperren der Pflanzen ist eine persönliche Tat und erscheint wie eine Machtdemonstration. Im Ausschnitt wird die Landschaft als synthetischer Ort persönlicher Vorstellung des Künstlers präsentiert. Das was man für den Ausblick hielt entpuppt sich als Einblick. So wird Landschaft zum Wesen das unseren Blick erwidert.

Julia Kröpelin

KRATERINSEL I, 2002
Mischtechnik auf Multiplex, 32 x 45 cm

Abbildungen

Seite 19
TQ, 2000/1, Mischtechnik auf 4 Multiplexplatten
160 x 220 cm

Seite 20
ROTER VULKAN, 2000, Mischtechnik auf Multiplex
67 x 68 cm, Privatsammlung

Seite 21
CALDERA, 2001, Mischtechnik auf Multiplex
66 x 118 cm

Seite 23
POCKE, 2002, Öl/Wachs auf Multiplex, 52 x 58 cm

Seite 24/25
Fotodokumentation schneller 'Erosion' einer
Landschaftsform aus Marzipan. Juni/Juli 2001Abbildungen

Seite 26
KLEINER AUSBRECHENDER VULKAN, 2000
Mischtechnik auf Multiplex, 77 x 36 cm

Seite 30
KRATERINSEL IV, 2002, Mischtechnik auf Multiplex
30 x 49 cm

Seite 31
KRATERINSEL III, 2002, Mischtechnik auf Multiplex
30 x 54 cm

VULKANINSEL, 1999
Mischtechnik auf Multiplex, 96 x 127 cm

BERGSEE, 1999, Mischtechnik auf Multiplex
138 x 114 cm, Privatsammlung, Düsseldorf

DIE BLÆTTER EINER GROSSEN PALME PRESSEN GEGEN MASCHENDRAHT

EIN GROSSES RAUCHFARBENES GLAS FLACH AUF EINE SOMMERWIESE GELEGT

EIN KREISRUNDES STUECK WIESE   DARUEBER   DIE SPITZEN EBEN BERUEHREND
SCHWEBT KREISRUND   EIN RAUCHFARBENES GLAS

UEBER DEM EINGANG EIN GLASKASTEN VOLL GRUENER PFLANZEN   EIN KÆFIG
EIN ALBTRAUM   VON PRESSENDEN PFLANZEN

Abbildungen

Seite 36/37
»Ein Bild von anderswoher«, 1999
HORTEN Ackerstrasse Düsseldorf, Wandmalerei
230 x 340 cm und Rauminstallation
Foto: Stefan Hostettler

Seite 39
GROSSER VORTEX, 2001, Mischtechnik auf Multiplex
133 x 235 cm

Seite 40/41/42/43
HONDA HEDGEBACK, 2002, Ausstellungsraum
escale, Düsseldorf, Pflanzen und Pflanzenimitate
in Honda Civic 1.3, Baujahr 1986

Seite 44/45
HAVARIE II, 2001, Installation mit Pflanzen,
Pflanzenimitaten und Bild

Umschlag
Detail aus ELLERGLAS, 2000, Installation mit Pflanzen
und Glas, Bahnhof Eller Düsseldorf
Foto: Hannes Norberg.

Biografie

1968	geboren in Schwenningen am Neckar
1990	Studium Kunstgeschichte an der Universität Köln
1991	Studium an der Kunstakademie Düsseldorf bei Prof. Fritz Schwegler und Prof. Walter Nikkels (Typografie)
1996	Meisterschüler von Prof. Fritz Schwegler
1997	Akademiebrief
2000	Sommeratelier Bahnhof Eller
2001	Stipendium der Kunststiftung Baden-Württemberg

Austellungen

1991	Kunstkabinett Wilfried Post, mit Miron Schmückle; Kunstverein Rheinfelden, (G)
1993	'zur Darstellung weitverbreiteter Seen', Klasse Schwegler an der Hochschule für Bildende Kunst in Dresden, (G)/(K)
1996	Toni Mörger, Düsseldorf, (E), LICHTSTRASSE 28, Ausstellungsreihe in Köln-Ehrenfeld, (E); 'galerie ruine', Genf, (G)
1997	-5-, Kunstverein Heinsberg, (G)/(K); Bohemian Garden, Wandmalerei im Medienhaus Stuttgart
1998	*Continental-Confidential-Collenbach*, Raum X, Düsseldorf, (E); 'Herbst in Quebec', mit Julia Kröpelin, Kunstverein Rheinfelden; *Ballhaus*, Ballhaus Düsseldorf, (G)
1999	»...ein Bild von anderswoher«, HORTEN, Ackerstrasse, Düsseldorf, (E); 'Von hinter der Wand in den Raum hinein', mit Julia Kröpelin, Düsseldorf
2000	Innenstadt Mainstream +1, altes Postgebäude Düsseldorf, (G); ELLERGLAS, Bahnhof Eller, Düsseldorf, mit Hannes Norberg
2001	'somnifere', HORTEN/P 22, Genf, (E)
2002	HONDA, escale, Düsseldorf, (E); Kunststiftung Baden-Württemberg, Stuttgart, mit Olaf Quantius; Galerie de Zaal, Delft, (G)

E=Einzelausstellung; G=Gruppenausstellung; K=Katalog

Bibliografie

1994	O, Leporello
1996	BABEL, Siebdruck
1997	RAST, Klischeedruck; -5-, Katalog Kunstverein Heinsberg
1999	SITE Nr.1
2000	ELLERGLAS, Katalog
2001	'somnifere', Katalog

Impressum

Armin Hartenstein

EIN GROSSES RAUCHFARBENES GLAS FLACH AUF EINE SOMMERWIESE GELEGT

Bilder und Installationen
19. Januar bis 16. März 2003

Ausstellung und Katalog
Armin Hartenstein, Wendelin Renn

Organisatorische Mitarbeit
Anja Beck, Alexandra Storz

Herausgeber: Wendelin Renn
Städtische Galerie
Villingen-Schwenningen

Gestaltung: Armin Hartenstein,
Lody van Vlodrop

Lithoherstellung: Industrie-Repro
Villingen-Schwenningen

Druck: Todt Druck GmbH
Villingen-Schwenningen

Ausstellung und Katalog wurden unterstützt durch

© 2003 Verlag Stadt Villingen-Schwenningen und Autoren

ISBN 3-927987-75-1